THiLO

Forschergeschichten

Zeichnungen von Heribert Schulmeyer

Zu diesem Buch steht eine Lehrerhandreichung zum kostenlosen
Download bereit unter http://www.loewe-verlag.de/paedagogen

FSC
Mix
Produktgruppe aus vorbildlich
bewirtschafteten Wäldern und
anderen kontrollierten Herkünften
Zert.-Nr. IC-COC-100059
www.fsc.org
© 1996 Forest Stewardship Council

ISBN 978-3-7855-6272-7
1. Auflage 2010
© 2010 Loewe Verlag GmbH, Bindlach
Umschlagillustration: Heribert Schulmeyer
Reihenlogo: Angelika Stubner
Rätselfragen: Johanna Müller
Printed in Germany (017)

www.leseleiter.de
www.loewe-verlag.de

Inhalt

Forscherquatsch

Hannes lugte vorsichtig um Grubers Scheune. Endlich! Da kam Joschi auf seinem Klapprad angerauscht!

„Tschuldigung!", keuchte der schon von Weitem. „Meine Eltern sind erst jetzt abgehauen!"

Hannes winkte gönnerhaft ab.

„Hauptsache, du bist da. Hast du ans Licht gedacht?"

Joschi warf sein Fahrrad ins Gras und holte zum Beweis die Taschenlampe aus seinem Rucksack. Auch das lange Seil hatte er besorgt.

„Und du?", wollte Joschi leise wissen. Hannes nickte und zog den schweren Schlüssel aus der Tasche.

„Der Hausmeister vom Rathaus wird ihn heute nicht suchen", war er sich sicher.

Seit vier Monaten stand ihr Plan: Wenn im Dorf Kirmes ist, erforschen wir die Echohöhle. Dann sind alle abgelenkt!

Das Betreten der Höhle war nämlich schon seit Jahrzehnten strengstens verboten. Aber die Erzählungen der Erwachsenen hatten Hannes neugierig gemacht. Alle alten Dorfbewohner kannten schaurige Geschichten von einem, der in die Höhle gegangen und niemals zurückgekehrt war.

„Noch heute klappert er als Gerippe durch die Gänge und bewahrt ein Geheimnis!", behauptete sein Großvater immer. Hannes glaubte zwar nicht wirklich an diese Schauermärchen, weil die Verschwundenen jedes Mal anders hießen, aber aufgeregt war er trotzdem.

Nach einer halben Stunde hielten sie vor einem schweren Eisengitter an. Aus dem Inneren der Höhle kam feuchte, modrige Luft. Joschi seufzte auffallend laut. Der wollte doch wohl nicht kneifen? Vor 30 Jahren hatte sich seine Mutter als kleines Mädchen in der Höhle verirrt. Sie hatte erst Stunden später durch Zufall hinaus-gefunden. Kurz darauf entschied der Gemeinderat, den Eingang mit einer schweren Tür zu verriegeln.

Hannes steckte den Schlüssel ins Schloss. Laut quietschend schwang das Gitter zur Seite.

„Schnell, komm!", forderte er Joschi
auf. „Bestimmt ist das große Geheimnis
der Höhle ein alter Räuberschatz!"

Joschi verzog sein Gesicht, aber er
knipste die Taschenlampe an. Sie gingen
hinein. Wie kalt es hier war! Sofort begann
Joschi mit zittriger Stimme zu zählen:
„Eins, zwei, drei…" Seine Worte hallten
von den Wänden zurück. Hannes fuhr
herum.

„Sei still!", fauchte er. „Das Echo macht
mich ganz nervös!"

Joschi ließ sich nicht abbringen.

„Ich zähle meine Schritte, damit ich eine Karte zeichnen kann. Das machen Forscher so!" Er kritzelte etwas auf seinen Notizblock und zählte weiter seine Schritte. Hannes verdrehte die Augen.

„Hör doch mit diesem Forscherquatsch auf!", höhnte er. „Es geht um einen Räuberschatz!"

„Pah!", spottete Joschi. „Räuberschatz! Wer erzählt hier Quatsch?"

Sicher hätten sie noch weiter gestritten, wenn nicht die erste Gabelung gekommen wäre.

„Wir müssen nach links!", entschied Hannes. „Links riecht es ganz klar nach Räuber!"

An der nächsten Wegkreuzung bestand er darauf, nach rechts zu gehen, dann zweimal links und wieder rechts. Dann mussten sie ein paar Meter in die Tiefe klettern. Jetzt konnten sie Joschis Seil gut gebrauchen. 144 Schritte später wurde die Decke über ihren Köpfen plötzlich höher. Joschi nahm die Taschenlampe und leuchtete nach oben.

„Boah!", entfuhr es ihm. Das war also das Geheimnis der Echohöhle! Hoch über ihren Köpfen reihten sich Tropfsteine aneinander wie die Eiszapfen an Grubers Scheune im Winter. „Das ist besser als ein Räuberschatz!", flüsterte er.

Für einen Moment vergaß er sogar, die 144 Schritte einzutragen. „Boah!", staunte jetzt auch Hannes. Nebeneinander hockten sie sich auf einen feuchten Stein und starrten nach oben.

„Die anderen laufen jetzt bestimmt durch die Geisterbahn und denken, sie machen was Aufregendes!", entfuhr es Hannes.

„Stimmt, aber mir wird kalt", brummte Joschi. „Lass uns zurückgehen!"

Hannes konnte sich nur schwer losreißen.

„Also gut!", seufzte er. „Wir müssen da lang!" Er marschierte in einen Gang hinein.

„Stopp!", hielt ihn Joschi zurück. „Dieser Gang da ist der richtige. Steht hier auf meinem Plan!"

Hannes winkte ab und schnaubte.

„Räuberschatzjäger brauchen keine Karten!" Unbeirrt stapfte er weiter. Aber Joschi folgte ihm nicht. Es wurde immer dunkler. Ohne Taschenlampe kam Hannes nicht weiter. Gerade als er wütend aufstampfen wollte, entdeckte er etwas Weißes.

Keine fünf Meter von ihm entfernt lag ein
Knochen. Ein ziemlich großer Knochen! So
schnell er konnte, drehte sich Hannes um
und rannte zu Joschi zurück. Sein Freund
hatte auf ihn gewartet. Und er grinste nicht
mal schadenfroh.

„Vielleicht – vielleicht ist deine Karte
doch nicht so schlecht!", murmelte Hannes.
„Aber jetzt raus hier. Sonst werden wir
vermisst und bekommen blöde Fragen
gestellt." Er sah sich noch einmal
vorsichtig um, aber ein Geripppe folgte
ihnen nicht.

Bald darauf standen sie wieder vor dem

Eingang der Höhle. Gerade verschwand die Sonne hinter den Hügeln. Dreimal noch kontrollierte Hannes, ob er das Gitter auch wirklich gut abgeschlossen hatte.

„Dein Forscherquatsch war ganz schön nützlich", gab er an Grubers Scheune zu. Dann reichte er Joschi die Hand. Die beiden Freunde schworen sich, niemandem von dem Geheimnis der Echohöhle zu erzählen. Und im nächsten Jahr wollten sie wieder herkommen. Dann wollte Hannes Joschi bei seinen Forschungen helfen.

 Suche ein Wort, das elf Buchstaben hat und mit „Eis" beginnt. Nimm die letzten sechs Buchstaben und hänge „stäbe" daran. Was erhältst du?

Trage das Wort im Kreuzworträtsel bei Nummer 1 ein.

Mein Vetter Maik

Mein Vetter Maik ist eine ziemliche
Nervensäge. Wenn er mit uns spielt,
dann bestimmt immer er die Regeln
und erzählt nur von sich.

"Das kommt daher, dass er ein
Einzelkind ist", sagt meine Mama.
"Der muss auf niemanden Rücksicht
nehmen."

Wir sind fünf Geschwister, zwei Jungen,
zwei Mädchen und eben ich, Lotte, die
Älteste. Wenn große Familienfeiern sind,
so mit Tanten und Onkeln, die man noch

nie gesehen hat, dann machen wir immer einen großen Bogen um Maik. Der sitzt meistens in einer Ecke und kippt irgendwelches Zeug zusammen. Limonade und Putzmittel oder so. Das zischt dann und dampft, und einmal hat es sogar so gestunken, dass alle Gäste das Lokal verlassen mussten. Das war an Opas 80. Geburtstag.

Und drei Wochen später ist es dann passiert: Mein Vater musste für seinen Chef nach Amerika fliegen, um da riesige Maschinen zu kaufen. Und was tat meine dusselige Mutter? Die kam ausgerechnet auf die Idee, die Lampe in unserem Wohnzimmer zu entstauben. Weil sie zu faul war, die Leiter aus dem Keller zu holen, stellte sie einen Stuhl auf den Glastisch. Mama stieg drauf, der Tisch machte knack!, und knack! machte auch Mamas Schlüsselbein. Das ist so ein Knochen in der Schulter, hat mir Maik erklärt. Ja, genau – Maik! Mama konnte

mit dem dicken Verband nämlich nicht
kochen und Papa konnte nicht früher
zurückkommen. Weil Ferien waren, hat
uns Mama in der Verwandtschaft verteilt.
Als die Omas und Opas schon alle
besetzt waren, stand immer noch ich in
der Küche. Da hat Mama ihre Schwester
angerufen. Und das ist die Mutter von
Maik. Na, ich hab mich vielleicht gewehrt!

„Lieber wandere ich aus!", hab ich
geschrien und schon mal meine Sachen
für Australien gepackt. Aber die Tasche
musste ich dann mit zu Maik nehmen.
Unsere Nachbarin hat mich hingefahren.

Die ersten zwei Tage habe ich Maik überhaupt nicht gesehen, höchstens ein bisschen. Aber dann meinte Tante Dolores, wir müssten „*was zusammen unternehmen*". Ich und Maik! Ein Frosch und ein Schwan gehen doch auch nicht zusammen in die Disko. Maik meinte, wir könnten in den alten Steinbruch gehen. Was für ein Vorschlag! Aber dann hat er eine versteinerte Schnecke aus der Tasche gezogen und gesagt, die hieße *Ammonit*, und er hätte sie genau dort gefunden. Die Schnecke sah echt toll aus, das musste ich Maik lassen. Ganz alleine hatte er sie gefunden, nur mit Lupe und so einem kleinen Meißel. So etwas wollte ich auch! Also haben wir uns auf die Fahrräder geschwungen und sind los.

Maik hatte wirklich an alles gedacht. In seiner Satteltasche war unzähliges Zeug, was Forscher so brauchen: Werkzeug, leere Marmeladengläser, Stahlnägel und sogar Pinsel. Ich hab mir gleich den Hammer genommen und auf die Felsen eingeschlagen, aber Maik hat nur gelacht. Bis dahin hatte ich ihn noch nie lachen sehen! Er hat mir in einem Buch gezeigt, dass es unterschiedliche Steine gibt. Steine sind nicht alle gleich. Manche sind noch jung, höchstens fünf Millionen Jahre – ja, für Steine ist das wenig. Da können dann keine Ammoniten drin sein. Wir mussten ältere finden. Maik hat mir einen Brocken zum Vergleichen gegeben. Den halben Vormittag sind wir da rum- geklettert. Manchmal habe ich wirklich gedacht, ich hätte was gefunden, aber dann war es immer Fehlalarm.

Gerade als wir zum Mittagessen mussten, schlug ich noch mal mit dem Hammer zu. Ich war so sauer, weil ich keine Schnecke gefunden hatte. Ich muss wirklich sehr sauer gewesen sein, denn ein Stück von der ganzen Felswand rutschte ab. „Da ist mein Ammondingsda!", jubelte ich, aber

Maik ist ganz bleich geworden, obwohl
der ja immer so bleich ist. „Das glaub ich
nicht!", stammelte er. Er holte sein Handy
raus und sagte Tante Dolores, sie solle
mit dem Essen nicht auf uns warten.
Und dann rief er eine andere Nummer an,
die er für den Fall eingespeichert hatte,
dass er mal was richtig Spannendes
erforscht hätte – nicht nur Kloreiniger
mit Zitronengeschmack. Tja, eine
Stunde später waren die Leute vom
Fernsehen auch tatsächlich da. Ich
hatte nämlich den Schädel von so einem
Archäopthedingsda gefunden. Aber weil
Maik so bedröppelt aussah, erzählte
ich den Reportern, er hätte ihn entdeckt.

Wir waren dann in allen Zeitungen und im Fernsehen. Sogar meine Brüder haben angerufen. Aber die haben gesagt, sie würden nie Flugdinosaurierknochen finden wollen, wenn man dann mit Maik auf ein Foto müsste.

Naja. Papa war dann bald zurück, und die Ferien vorbei. Eigentlich war es ja doch ganz schön bei Tante Dolores. Und manchmal kann es auch mit einer Nervensäge spannend sein!

 Wo geht Lotte mit Maik hin? Tausche die ersten beiden Buchstaben durch den zweiten Buchstaben des Alphabets aus. Was kann ziemlich wehtun?

Trage das Wort im Kreuzworträtsel bei Nummer 2 ein.

Alte Geschichten

Heute hat die Klasse 3b eine spannende
Hausaufgabe bekommen. Ihr Lehrer hat
im Unterricht viel über Namen erzählt.
Jetzt sollen die Schüler herausfinden,
woher ihr Nachname stammt und was
er bedeutet.

Jan und sein Freund Lars sind sofort
Feuer und Flamme. Ihre Familien wohnen
schon immer hier in der Stadt.

„Sicher gibt es im Rathaus Urkunden,
die etwas über unsere Namen sagen",
vermutet Lars. Auch Jan ist begeistert:

„Endlich mal eine Hausaufgabe, die
Spaß macht!"

Die Frau im Rathaus freut sich über den Besuch.

„Ich bin Elke Koch", sagt sie. „Mein Urururgroßvater besaß einen Gasthof und hat das Essen selbst zubereitet! Daher kommt mein Name."

Freundlich führt sie Lars und Jan in einen Raum tief im Keller. Hier ist die Luft ganz trocken, findet Jan. Überall an den Wänden blinken rote Lämpchen. Vor einer Glastür bleibt Frau Koch stehen. Gespannt sieht Jan zu, wie sie einen Geheimcode in eine kleine Maschine tippt. Zischend geht die Tür auf.

„Sind die Bücher hier drin so wertvoll, dass man eine Alarmanlage braucht?", will Lars wissen.

Frau Koch nickt. „Ungeheuer wertvoll", erklärt sie. „Aber nicht für Diebe, sondern für Forscher. Sie sind unersetzlich. Deshalb darf das Papier nicht feucht werden und schon gar kein Feuer ausbrechen. Das wäre eine Katastrophe.

Hier haben wir alles gesammelt, was wir über unsere Stadt wissen: uralte Geburtsurkunden, Taufbücher, Besitzrechte für Land, Gerichtsurteile und so weiter."

Jan staunt. Der dicke Wälzer, den Elke Koch aus dem Regal nimmt, ist nicht gedruckt. Jemand hat ihn von Hand geschrieben. Das muss ja mindestens ein Jahr gedauert haben!

„Die Namensforschung ist ungeheuer spannend", sagt Frau Koch. „Noch in der Ritterzeit und im Mittelalter hatte jeder Mensch nur einen Vornamen. Als es aber immer mehr Menschen gab und die Dörfer größer wurden, kam es oft zu Verwechslungen. Deshalb bekam jeder noch einen Zusatz, meistens hatte der mit seinem Beruf zu tun, wie bei mir. Manchmal hing dieser Name aber auch mit einem körperlichen Merkmal zusammen. Der Vorfahre von Herrn Klein war sicher nicht besonders groß!"

Jan und Lars lachen.

„Setzt euch zu mir", bittet Frau Koch. „Wie heißt ihr denn nun?"

„Lars Schmidt", sagt Lars.

Frau Koch lächelt. „Das ist leicht. Dafür muss ich gar nicht in die Chronik schauen: Dein Urururgroßvater war Schmied. Sicher hat er für alle im Dorf die Kochtöpfe und Pfannen gemacht."

Lars ist begeistert.

„Und sicher auch die Schwerter!", ruft er. „Ohne meinen Vorfahren wäre unsere Stadt von Feinden erobert worden!"

„Das könnte durchaus sein", antwortet
Frau Koch lächelnd. „Und wie heißt du?"
„Jan Hafner", sagt Jan.
Elke Koch nickt. „Das ist etwas
schwieriger. Aber wenn deine Familie
schon so lange hier wohnt, finden wir das
sicher auch heraus."

Sie zieht sich ein Paar Samthandschuhe
an und blättert vorsichtig in dem alten
Buch. Konzentriert überfliegen ihre Augen
jede Seite.

Jan kann in dem Gekrakel gar nichts erkennen, aber Frau Koch hat offensichtlich mehr Übung.

„Ich hab's!", verkündet sie zufrieden. „Dein Name bedeutet *der Töpfer*. Und tatsächlich finde ich hier auch einen Töpfer in deiner Familie."

Jan ist stolz. Jan, der Töpfer, das hört sich gut an!

Elke Koch will das Buch zuklappen, aber Lars hat noch eine Idee.

„Können Sie auch herausfinden, ob sich unsere Ahnen kannten?" Freundschaftlich legt er Jan seine Hand auf den Arm.

Frau Koch zuckt mit den Schultern.

„Vielleicht. Aber da muss ich noch ein bisschen forschen." Sofort vertieft sie sich wieder in die Aufzeichnungen.

Nach einer halben Stunde wird sie fündig: „Hier steht etwas über die beiden", sagt sie. „In einer Gerichtsakte: *Blieb der Hafner Wilhelm dem Schmied Johannes schuldig einen Gulden aus feinem Silber.*

Bei einer Rauferei der beiden ging dem Hafner Wilhelm ein Zahn verloren. Der Streit hält an wohl an der Jahre schon zwanzig. Und die Racheschwüre enden nicht!"

Frau Koch blickt von ihrem Buch auf.

„Sieht nicht so aus, als seien eure Vorfahren so dick befreundet gewesen wie ihr", stellt sie lächelnd fest. Dann schaut sie auf die Uhr und klappt die Chronik zu.

„Und jetzt habe ich einen Termin. Ihr könnt gerne mal wiederkommen, wenn ihr noch mehr Ahnenforschung betreiben wollt."

Auf der Straße tippt Jan seinem Freund auf die Schulter. Er hält ihm eine Euromünze hin.

„Hier", sagt er ernst, „mein Taschengeld von dieser Woche. Damit sind die Schulden meines Urururopas bezahlt, okay?"

Lars nickt.

„Davon kaufe ich eine Tafel Schokolade. Und die teilen wir dann. Ich muss mich doch für den ausgeschlagenen Zahn entschuldigen."

Lars und Jan fallen sich lachend um den Hals.

„So machen wir's!", beschließt Jan. „Wenigstens wir sind Freunde!"

 Suche alle Wörter, in denen „ururur" vorkommt. Wie oft zählst du „ur"? Nimm diese Zahl und rechne zehn hinzu. Welche Zahl erhältst du nun?

Trage das Wort im Kreuzworträtsel bei Nummer 3 ein.

Hundeabenteuer

„Wer war der erste Mensch am
Südpol?", fragte Hasso in die Runde.
Seine schwarzen Augen wanderten
langsam von links nach rechts. Diese
stillen Momente waren das schönste
am Geschichtenerzählen. Hörten ihm
auch wirklich alle zu? Ja!

Sammy und Rex starrten ihn
ungeduldig an. Die kleine Luna leckte
sich abwesend die Pfote. Nur Schnauz
öffnete wie immer die Schnauze.

„D... das wwwar Amundsen!",
stotterte er.

„Richtig!", bestätigte Hasso. Ein Grinsen machte sich auf seinem struppigen Gesicht breit. „Und wer war der erste Hund am Südpol?"

Die anderen hielten die Köpfe schief.

„Seht ihr!", rief Hasso triumphierend. „Das weiß mal wieder kein Schwein!"

Er schubberte sich den Rücken an einer verbeulten Mülltonne. Das Schweigen musste man richtig auskosten! Noch drei Sekunden, dann konnte er die Bombe platzen lassen.

„Der erste Hund am Südpol – das war ich! Hasso von Happsburg!"

Schnauz fiel der Unterkiefer herunter.

„D… du, Ha… Hasso?", stammelte er verblüfft. Die Überraschung war ihm deutlich anzusehen. Auch die anderen rissen die Augen so weit auf, als hätte ihnen jemand Chilipulver ins Futter gemischt. Die kleine Luna ließ sogar das Lecken sein.

Schnell verjagte Hasso mit der Hinterhand einen widerborstigen Floh.

„Ja, das war ich!", bestätigte er. „Eine meiner ersten Reisen! Mehrere Jahre hatte mein Herrchen die Erforschung des Südpols geplant. Er wälzte Karten, rechnete unseren Proviant aus, kaufte warme Kleidung – so langweilige Sachen eben. Ich hingegen absolvierte täglich ein strenges Trainingsprogramm:

1. 23 Stunden ohne Unterbrechung durch den Wald rennen.
2. Eine Pferdekutsche nur mit den Zähnen quer durch Oslo ziehen.
3. Unter Wasser fressen, in einer Badewanne voll mit Eiswürfeln.

Schon nach wenigen Wochen bestand mein Körper nur noch aus Muskeln! Ich war so stark und schön, dass alle Hundedamen in Ohnmacht fielen, wenn ich die Straße herunterstreunte." Hasso hüstelte.

„Ich sah also ungefähr so aus wie heute! Hä-äm! Endlich war auch Amundsen so weit. An einem stürmischen Tag gingen wir an Bord seines Schiffes. Außer mir wurden noch 100 weitere Hunde zu der Reise eingeladen – aber keiner konnte mir das Wasser reichen! Ich war es, der Amundsen unzählige Male aus dem Schnee rettete!"

Natürlich war es Schnauz, der ihn unterbrechen musste.

„A… aber", jaulte er, „d… die anderen, d… das wwwaren doch Huskys! Und du b… bist nur eine Pro… Promenadenmischung!"

Die kleine Luna kicherte. „Und dazu noch mit ziemlich krummen Beinen, wenn ich das sagen darf!"

Hasso musste zum Glück nur kurz überlegen.

„Ja, ähm, ja. Seit meiner Forschungsreise sind sie krumm! Vorher waren sie gerade wie Zaunlatten! Wisst ihr, ich bin immer allein zum Auskundschaften vorausgelaufen. Da hat der Sturm sie mir – ZACK! – krumm gepustet." Hasso räusperte sich. Es war höchste Zeit für den Abschlusssatz.

„Also eins ist jedenfalls klar – und Amundsen hat es mir seitdem oft geschrieben: *Ohne dich, mein treuer Hasso, wäre ich niemals als zweiter Nichtpinguin am Südpol angekommen. Nach dir.*"

Sammy machte ein so seltsames Gesicht.

„Ist das nicht schon ziemlich lange her? Du bist doch …"

„Klar!", bekräftigte Hasso rasch. „Was passiert mit einem saftigen Schnitzel, wenn du es in die Kühltruhe legst?"

Schnauz wusste es. Er wusste alles, was mit Fressen zu tun hatte.

„D… das hält ewwwig!"

Hasso nickte. „Bingo! Und so ist es auch mit mir! Die Kälte von damals hält mich immer noch jung!"

Hasso sah wieder alle an. Sie schienen es zu schlucken. Rex, Sammy, die kleine Luna. Nur Schnauz rümpfte die Knopfnase.

„Wwwwie hieß denn A… Amundsen eigentlich mit Vo… Vornamen?"

Verflixt, konnte der verlauste Köter nicht einmal sein Maul halten! Hasso schielte unauffällig auf das speckige Buch, das er vor einer Stunde im Müll gefunden hatte: *Die berühmtesten Forscher der Welt*. Mist! Ausgerechnet die Ecke mit dem Vornamen war herausgerissen. Woher sollte er jetzt einen Namen nehmen?

„Waldi!", bellte er schnell. „Waldi Amundsen?" Hasso kratzte sich am Hinterkopf. „So, Freunde. Und nun liefert mir einen Knochen ab. Jeder! Die Erzählstunde ist vorbei!"

Die anderen zogen ab, um den versprochenen Lohn für die Geschichte auszubuddeln. Hastig zerrte Hasso das Buch hinter der Tonne hervor und blätterte mit den Zähnen um. Bevor die Meute zurück war, stupste er es wieder an seinen Platz.

„Danke!", bellte er, als alle ihren Knochen vor seinen Pfoten fallen gelassen hatten.

„Und morgen erzähle ich euch, wie ich als erster Nichtindianer Amerika betreten habe. Noch vor meinem Herrchen, ähm, Fiffi Kolumbus!"

Zu welcher Rasse gehört Hasso? Streiche die letzten neun Buchstaben und du weißt, wie man einen Spaziergang noch nennt.

Trage das Wort im Kreuzworträtsel bei Nummer 4 ein.

Forscher & Co.

Paul und Daniel hocken um den kleinen
Tisch in ihrem Baumhaus und langweilen
sich. *Forscher & Co.* steht auf einem Schild
am Gartenzaun. Die zwei Freunde nehmen
jeden Forschungsauftrag an. Aber bisher
stehen die Kunden nicht gerade Schlange.
Eigentlich war noch überhaupt niemand
da. Daniel seufzt.

„Das Problem ist, dass alle wichtigen
Dinge schon erforscht sind: der Nordpol,
das Penicillin, sogar der Mond. Für uns
ist einfach nichts mehr übrig geblieben!"

Paul sieht durch sein Teleskop, aber der Himmel ist viel zu hell. Außer einem Segelflieger entdeckt er nichts.

„Der Mars ist noch weitgehend unbekannt", sagt er. „Aber es dürfte Probleme geben, da oben hinzukommen."

Daniel steht auf.

„Komm", schlägt er vor. „Wir fragen mal meine Mutter."

Frau Schmidt ist gerade dabei, im Garten Wäsche aufzuhängen.

„Hmmm", grübelt sie. „Ihr könntet erforschen, wohin immer die Socken verschwinden. Jedes Mal, wenn ich die Wäsche von der Leine hole, fehlt eine!"

Paul und Daniel schütteln die Köpfe.

„Mama!", beschwert sich Daniel. „Wir wollen neue Kontinente entdecken und keine Strümpfe suchen!"

Daniels Vater entspannt auf der Sonnenliege. Jetzt lässt er die Zeitung sinken.

„Aber ich hab einen Auftrag für euch: Eine Thermoskanne hält die Getränke im Sommer kalt und im Winter warm. Woher weiß die Kanne, welche Jahreszeit ist?"

Daniel schnappt sich ein nasses Handtuch und wirft es seinem Vater über den Kopf.

„Papa!", ruft er entrüstet. „Veräppeln können wir uns selber!"

Wütend laufen die Freunde auf die Straße. Vor der Gartenpforte müssen sie dann aber auch lachen.

„Weißt du was?", fragt Paul schließlich. „Vielleicht sollten wir uns mal mit jemandem unterhalten, der sich mit Forschen richtig auskennt!" Daniel ist begeistert. Aber mit wem? Sie beschließen, ins Museum zu gehen.

Neben der Kasse sitzt ein alter Mann.

„Tja, ich bin zwar nur der Aufseher hier",
sagt er, als die zwei ihn fragen. „Aber ein
bisschen kenne ich mich schon aus.
Zunächst einmal müsste ich wissen,
was genau ihr erforschen wollt.
Es gibt da nämlich verschiedene
Forschungsgebiete. – Mögt ihr Eis?
Bei dem schönen Wetter kommt sowieso
niemand ins Museum."

Der Mann sagt der Frau an der Kasse
Bescheid und geht mit den Jungen in die
Eisdiele.

„Also, es gibt Archäologen, die graben alte Städte und Siedlungen aus. Dann gibt es die Paläontologen, die suchen nach Lebewesen aus der Vorzeit, von Würmern bis zu den großen Dinosauriern. Mineralogen untersuchen die Zusammensetzung von Steinen und dann gibt es noch Bakteriologen und viele verschiedene Forscher mehr."

Daniel staunt.

„Können die denn alle überhaupt noch was erforschen?", will er wissen.
Der alte Mann lacht.

„Jede Menge! Weil die großen Sachen auf der Welt schon ziemlich gut erforscht sind, schauen sich die Wissenschaftler jetzt die kleinen Dinge an. Viren und eben Bakterien zum Beispiel! So wollen sie herausfinden, wie man Krankheiten heilen kann."

Paul und Daniel haben ihren Eisbecher leer gelöffelt.

„Danke für die Einladung!", sagt Paul.

„Und für die Erklärungen. Auch wenn wir jetzt wohl immer noch arbeitslos sind."

Als sie wieder an ihrem Baumhaus ankommen, springt Minka auf den Zaun. Die Katze der Nachbarin macht einen großen Satz und stibitzt eine von Papas Socken von der Wäscheleine. Paul und Daniel laufen Minka hinterher und finden unter der Terrasse ihre kleine Sockenkuschelecke.

„Na, bitte!", sagt Daniel zufrieden. „Wenigstens ein großes Rätsel konnte durch unsere Nachforschungen gelöst werden!"

Womit beobachtet Paul den Himmel? Streiche die letzten vier Buchstaben und ersetze sie durch „fon". Welches neue Wort erhältst du?

Trage das Wort im Kreuzworträtsel bei Nummer 5 ein.

Jugend forscht

Eine Lehrerin wie Frau Bertels hätte
jeder gern, glaubt Maja. Sie ist nicht nur
nett und lustig, sie denkt sich auch immer
wieder etwas Neues für ihre Schüler
aus. Nach den Osterferien hat sie eine
besondere Überraschung. In der ersten
Stunde klappt sie das Rechenbuch zu.
„Das brauchen wir in den nächsten
Wochen nicht!", verkündet sie den
verdutzten Kindern. „Und das Lesebuch
auch nicht!"

Als alle mit dem Tuscheln fertig sind, klärt sie die Kinder auf: „Wir melden uns bei *Jugend forscht* an! Das ist ein Wettbewerb, bei dem die tollsten Ideen von Schülern Preise bekommen. Und zwar vom Bundespräsidenten höchstpersönlich!"

Der Bundespräsident ist so eine Art König, das weiß Maja schon. Was sie noch nicht weiß, ist, was sie erforschen soll. Ihre Lehrerin sagt, dass Forscher nicht nur beobachten, sondern auch tüfteln und erfinden.

„Immer zwei zusammen sind ein Team", bestimmt Frau Bertels. Klar, dass sich Maja für Hanna entscheidet. Schließlich sind sie beste Freundinnen.

„Hast du schon eine Idee?", fragt Maja auf dem Heimweg. Hanna nickt.

„Na klar! Es gibt tausend Sachen, die ich schon immer mal erfinden wollte! Eine Maschine, die meine Hausaufgaben macht, zum Beispiel!"

Maja lacht. Klar, so ein Gerät könnte

sie auch manchmal brauchen! Aber ob
sie das wirklich hinkriegen? Die beiden
Freundinnen verabreden sich für den
Nachmittag. Bis dahin wollen sie jeder
eine Liste mit Forschungsideen aufstellen.

Weil so ein schöner Frühlingstag ist,
setzt sich Maja nach dem Mittagessen in
den Garten. Sie grübelt und grübelt, aber
der Block vor ihr bleibt leer. Hanna hat
recht, denkt sie. Eigentlich gibt es eine
ganze Menge Dinge, die sie gern erfinden
würde. Aber es soll ja bestimmt etwas
Nützliches sein.

Als Hanna zum Gartentor hereinkommt, gießt ihr Maja ein Glas Saft ein. Aber Hanna winkt ab.

„Dafür haben wir jetzt keine Zeit mehr", sagt sie. „Wir müssen los! Folge mir unauffällig!"

Ohne Maja mehr zu erklären, radelt Hanna voran. Ein Dorf weiter hält sie vor einem schönen, alten Haus aus roten Ziegelsteinen. Als Hanna ihre Fahrrad-klingel läuten lässt, öffnet sich ein Fenster. Ein Mann mit einer Pfeife im Mund schaut heraus.

„Hanna!", ruft er erfreut. „Wie schön, dass du deine Großeltern mal wieder besuchst!"

Als er aus dem Haus kommt, fällt ihm Hanna um den Hals. „Eigentlich besuchen wir ja nicht euch", erklärt Hanna wenig später beim Teetrinken. Maja hat noch immer keine Ahnung, was sie hier wollen. Aber der Kuchen von Hannas Oma schmeckt einfach lecker!

„Maja und ich sind wegen eurer Hühner gekommen. Wir müssen nämlich für die Schule etwas erforschen!"

Hannas Opa ist einverstanden.

„Nur ärgern dürft ihr sie nicht. Sonst legen sie krumme Eier!"

Als sie im Gehege der Hühner stehen, will Maja endlich wissen, was los ist.

„Könntest du mir sagen, wie uns die Vögel bei dem Wettbewerb helfen sollen?"

Hanna lacht.

„Also, pass auf: Opa hat 20 Hühner.

Wir teilen sie in vier Gruppen ein, das sind fünf pro Testgruppe."

Hanna holt ein Klemmbrett aus dem Rucksack und schreibt die Zahlen auf. Sie sieht jetzt wie eine richtige Forscherin aus, findet Maja.

„Jeder Gruppe geben wir anderes Futter. Und dann überprüfen wir, ob ihre Eier auch unterschiedlich schmecken!"

Maja ist verblüfft. Darauf wäre sie nie gekommen. Aber dann fällt ihr ein, dass Mama im Winter keine Milch beim Bauern holt. Sie sagt immer, dass die Milch dann

nicht so gut schmeckt, weil die Kühe
nur Trockenfutter bekommen.

„Wenn wir die Hühner mit würzigen
Kräutern füttern, können sich die
Menschen in Zukunft vielleicht das
Salzen sparen!", vermutet Hanna.

Maja lacht. Hanna hat wirklich die
besten Ideen! Kein Wunder, dass sie
Freundinnen sind!

Sofort beginnen sie mit den
Vorbereitungen. Zuerst müssen sie
alle Hühner einfangen. Jedes von ihnen
bekommt einen bunten Wollfaden um
das Bein geknotet. So können sie die
Gruppen leicht auseinanderhalten.

„Jetzt müssen wir uns überlegen, was
wir ihnen füttern", sagt Hanna grübelnd.

Maja fällt der Kuchen wieder ein.
Da waren doch auch Eier drin.

„Ich hab's!", ruft sie begeistert. „Die
mit dem roten Wollfaden bekommen
Erdbeeren. Dann kann man aus den
Eiern prima Erdbeerkuchen backen!"

Hanna nickt und trägt alles in ihre Liste ein. Die roten Hühner bekommen Erdbeeren, die grünen Kräuter aus Omas Garten, die blauen Brotreste und die gelben nur das normale Futter.

„Das ist wichtig", erklärt Hanna. „Damit wir einen Vergleich haben. Nur so können wir beweisen, dass der veränderte Geschmack auch wirklich mit unserer Spezialkost zu tun hat!"

Jeden Tag fahren die beiden Freundinnen zu dem alten Bauernhof. Nach einer Woche haben die Hühner schon keine Angst mehr vor ihnen.

Manche kommen sogar sofort angewetzt, wenn sie Hannas Klingel hören. Am liebsten würde Maja ihnen dann immer alles vor die Krallen werfen, was sie an Futter haben. Aber da muss ein Forscher streng sein! Jede Gruppe bekommt nur das, was ihr zugeteilt wurde.

„Sonst verfälscht es das Ergebnis!", hat Hanna sie aufgeklärt.

Dann ist der große Tag gekommen. Maja und Hanna tragen einen großen Karton ins Klassenzimmer. Natürlich wollen alle sofort wissen, was darin ist. Aber die zwei halten dicht.

Nachdem Tim und Laura ihre automatische Tafelwischanlage vorgestellt haben, sind sie an der Reihe.

Hanna öffnet die Kiste. Beim Anblick der vielen Eier werden ihre Klassenkameraden nur noch neugieriger. Maja kichert. Michael fallen gleich die Augen aus.

Wirkt sich Hühnerfutter auf den Geschmack der Eier aus?, schreibt Hanna mit großen Buchstaben an die Tafel. Sie legt einen dicken Papierstapel auf das Lehrerpult. Hier sind all ihre Beobachtungen notiert. Aber davon wollen sie später berichten. Jetzt läuft Maja mit der Kiste durch die Stuhlreihen. Jedes Kind bekommt vier Eier und Frau Bertels natürlich auch. Fünf Stunden haben sie gestern in der Küche gestanden, Eier gekocht und mit Wasserfarbe markiert.

„Die schmecken ja richtig nach Kräutern!", stellt Tim fest.

„Und mein Dotter ist viel röter als deins!", wundert sich Michael.

Als alle aufgegessen haben, klatscht Frau Bertels in die Hände.

„Applaus für Maja und Hanna", fordert sie ihre Schüler auf. „Hier waren echte Forscher am Werk! Ich bin gespannt, was die Jury von *Jugend forscht* dazu sagen wird."

Hanna und Maja verbeugen sich wie die Schauspieler im Theater.

„Dankt nicht uns!", sagt Hanna lachend. „Dankt meinem Opa und seinen Hühnern."

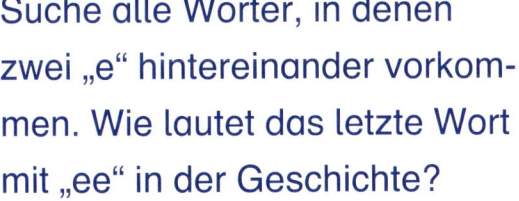

Suche alle Wörter, in denen zwei „e" hintereinander vorkommen. Wie lautet das letzte Wort mit „ee" in der Geschichte?

Trage das Wort im Kreuzworträtsel bei Nummer 6 ein.

Die ersten 20 Lebensjahre verbrachte **THiLO** in der Kinderecke der elterlichen Buchhandlung. Anschließend schaute er sich in Afrika, Asien und Mittelamerika um, bevor er mit Freunden als Kabarett-Trio „Die Motzbrocken" erfolgreich durch die Lande zog (Grazer Kleinkunstpreis/Hessischer Satirepreis). Heute lebt THiLO mit seiner Frau und vier Kindern in Mainz und schreibt neben seinen Romanen Geschichten und Drehbücher für u.a. Siebenstein, Sesamstraße, Schloss Einstein und Bibi Blocksberg.

Heribert Schulmeyer, geboren 1954, zeichnet seit seinem 12. Lebensjahr, nachdem ihm seine Zwillingsschwester verboten hatte, weiter mit Ritterburgen zu spielen. Nach Schule und Studium wurde er Comiczeichner und freier Künstler. Heute arbeitet er für verschiedene Verlage und für den WDR bei der „Sendung mit der Maus". Heribert Schulmeyer lebt und arbeitet in Köln.

Knacke das Rätsel!

Sammle von Geschichte zu Geschichte die Antworten zu den Fragen und trage sie hier ins Kreuzworträtsel ein. Das Lösungswort verrät dir den Nachnamen eines berühmten Forschers.

Kleine Hilfe: ä=ae

Das Lösungswort heißt:

1	2	3	4	5	6	7	8

Lesen, rätseln, Punkte sammeln!

Schau einfach mal rein unter www.leseleiter.de: Dort kannst du mit den Lösungswörtern aus den Lese-Rallye-Büchern wertvolle Punkte sammeln und sie gegen tolle Leseleiter-Prämien eintauschen. Viel Spaß!